Hermann Schmidtbauer

Psychotherapie im Kostenerstattungsverfahren

Eine Kurzanleitung

GRIN Verlag

Bibliografische Information der Deutschen Nationalbibliothek:

Die Deutsche Bibliothek verzeichnet diese Publikation in der Deutschen Nationalbibliografie; detaillierte bibliografische Daten sind im Internet über http://dnb.d-nb.de/ abrufbar.

Impressum:

Druck und Bindung: Books on Demand GmbH, Norderstedt Germany
ISBN: 978-3-656-33330-2

Dieses Buch bei GRIN:

http://www.grin.com/de/e-book/201599/psychotherapie-im-kostenerstattungsverfahren

Inhaltsverzeichnis

1. Auf welcher Rechtsgrundlage basiert die Psychotherapie im System der gesetzlichen Krankenversicherungen (GKV)?

Das Fünfte Buch des Sozialgesetzbuches (SGB V) befasst sich mit den gesetzlichen Krankenversicherungen. Dort ist auch der Rechtsanspruch des Versicherten auf eine Psychotherapie verortet.

Nach **§ 27 SGB V (1)** haben „*Versicherte [...] Anspruch auf Krankenbehandlung, wenn sie notwendig ist, um eine Krankheit zu erkennen, zu heilen, ihre Verschlimmerung zu verhüten oder Krankheitsbeschwerden zu lindern. Die Krankenbehandlung umfasst (1) ärztliche Behandlungen einschließlich Psychotherapie als ärztliche oder psychotherapeutische Behandlung, [...]*“.

Im System der gesetzlichen Krankenversicherungen besteht nach **§ 2 SGB V (2)** ein Sachleistungsprinzip. Der Versicherte erhält im Krankheitsfall die notwendige Leistung als Sach- und Dienstleistung. Das heißt, die Krankenkasse erfüllt ihre Leistungspflicht in Form der Bereitstellung von medizinischen Sachleistungen, ohne dass der Versicherte vom Leistungserbringer eine Rechnung erhält.

Die gesetzlichen Krankenversicherungen sind dabei vom Gesetzgeber nach **§ 12 SGB V (1)** an das Wirtschaftlichkeitsgebot gebunden. „*Die Leistungen müssen ausreichend, zweckmäßig und wirtschaftlich sein; sie dürfen das Maß des Notwendigen nicht überschreiten.*“ Die Krankenkasse darf also nur solche Leistungen übernehmen, welche den aufgeführten Kriterien entsprechen. Im Bereich Psychotherapie ist dies z.B. bei Therapieverfahren relevant, welche noch nicht in die Psychotherapie-Richtlinie übernommen wurden. Hier darf die Krankenkasse die Kosten nicht übernehmen.

2. Wann ist Psychotherapie Leistung der GKV?

Ob eine bestimmte Psychotherapie eine Leistung der GKV ist, wird durch die Psychotherapie-Richtlinie geregelt. Psychotherapie kann nach **§ 1 (1) der Psychotherapie-Richtlinie** erbracht werden „soweit und solange eine Seelische Krankheit vorliegt". Die Psychotherapie-Richtlinie gibt in **§ 1 (2)** an, dass Psychotherapie der

- Erkennung von Krankheiten
- Heilung von Krankheiten
- Verhütung von Verschlimmerung
- Linderung von Krankheitsbeschwerden

dient. Diese Definition ist analog zu **§ 27 (1) SGB V**.

Folgende Maßnahmen sind nach **§ 1(2) der Psychotherapie-Richtlinie** keine GKV-Leistungen:

- Maßnahmen zur beruflichen Anpassung oder zur Berufsförderung
- Erziehungsberatung
- Sexualberatung
- körperbezogene Therapieverfahren
- darstellende Gestaltungstherapie
- heilpädagogische Maßnahmen

2.1. Welche Indikationsbereiche zur Anwendung von Psychotherapie bestehen?

Dies regelt **§ 22 (1) der Psychotherapie-Richtlinie**. Dort werden als Indikationsbereiche für eine Psychotherapie folgende Störungsgruppen benannt:

- affektive Störungen (F32.*; F33.*; F341)

- Angst- und Zwangsstörungen (F40.*; F41.*; F42.*)
- Somatoforme Störungen und Dissoziative Störungen (F44.*; F45.*)
- Reaktionen auf schwere Belastungen und Anpassungsstörungen (F43.*)
- Essstörungen (F50.*)
- Nichtorganische Schlafstörungen (F51.*)
- Sexuelle Funktionsstörungen (F52.*)
- Persönlichkeitsstörungen und Verhaltensstörungen (F6*.*)
- Verhaltens- und emotionale Störungen mit Beginn in der Kindheit und Jugend (F9*.*)

Zudem kann nach § 22 (1) der Psychotherapie-Richtlinie Psychotherapie „neben oder nach einer somatisch ärztlichen Behandlung von Krankheiten oder deren Auswirkungen angewandt werden, wenn psychische Faktoren einen wesentlichen pathogenetischen Anteil daran haben und sich ein Ansatz für die Anwendung für die Psychotherapie bietet“:

- Psychische und Verhaltensstörungen durch psychotrope Substanzen
- bei Abhängigkeit entweder Zustand der Suchtmittelfreiheit oder Abstinenz, bzw. Suchtmittelfreiheit bis zur 10. Behandlungsstunde erreichbar.
- Psychische und Verhaltensstörungen durch Opioide und gleichzeitiger substitutionsgestützen Behandlung, beschränkt auf den Zustand der Beigebrauchsfreiheit sowie in Zusammenarbeit und Abstimmung mit dem substituierenden Arzt.
- Seelische Krankheiten aufgrund frühkindlicher emotionaler Mangelzustände oder tiefgreifender Entwicklungsstörungen, in Ausnahmefällen auch seelische Krankheiten, die im Zusammenhang mit frühkindlichen körperlichen Schädigungen oder Missbildungen stehen
- Seelische Krankheiten als Folge schwerer chronischer Krankheitsverläufe
- Psychische Begleit-, Folge- oder Residualsymptomatik psychotischer Erkrankungen.

2.2. *Welche Behandlungsmethoden sind nach der Psychotherapie-Richtlinie anerkannt?*

In der aktuell gültigen Fassung der Psychotherapie-Richtlinie mit Änderungsdatum 16.10.2014 werden nur

- Psychoanalytisch begründete Verfahren
    - Tiefenpsychologisch fundierte Psychotherapie
    - analytische Psychotherapie
- Verhaltenstherapie

als anerkannte Psychotherapieverfahren genannt. In der **Anlage 1 der Psychotherapie-Richtlinie** wird angegeben, welche Verfahren die Erfordernisse der Psychotherapie-Richtlinie nicht erfüllen.

3. Auf welcher Rechtsgrundlage basiert die Kostenerstattung?

Die Psychotherapie im Kostenerstattungsverfahren ist in **§ 13 (3) SGB V** geregelt und springt bei einem „Systemversagen“ ein. *„Konnte die Krankenkasse eine unaufschiebbare Leistung nicht rechtzeitig erbringen [...] und sind dadurch Versicherten für die selbst beschaffte Leistung Kosten erstanden, sind diese von der Krankenkasse in der entstandenen Höhe zu erstatten, soweit die Leistung notwendig war.“* Wenn die gesetzliche Krankenkasse einem Versicherten eine notwendige Psychotherapie nicht rechtzeitig zur Verfügung stellen kann, so ist es dem Versicherten möglich, sich die Leistung selbst zu beschaffen. Dies ist ein Rechtsanspruch. Die Auffassung mancher gesetzlicher Krankenkassen, dass sie keine Psychotherapie im Kostenerstattungsverfahren übernehmen, ist somit unzulässig. Hierzu gibt es einige interessante Gerichtsurteile:

3.1. Urteil des Bundessozialgerichts zur Kostenerstattung von Psychotherapie (BSG Az. Rka 15/97)

Die wichtigsten Informationen aus dem Urteil:

1. Leistungen in der Kostenerstattung dürfen nur erstattet werden, wenn kein Vertragsbehandler zur Verfügung steht
2. Es ist Sache der zur Sicherstellung der Versorgung verpflichteten Kassenärztlichen Vereinigungen und Krankenkassen einen Vertragsbehandler zur Verfügung zu stellen, nicht Aufgabe des Patienten, sich einen Platz zu suchen.
3. Mehr als drei vergebliche Behandlungsanfragen des Versicherten sind aus fachlichen Gründen und im Sinne des Gebots einer humanen Krankenbehandlung nicht zumutbar.
4. Im Einzelfall sind Wartezeiten von bis zu drei Monaten bei Erwachsenen, aber nur sechs Wochen bei Kindern und Jugendlichen hinzunehmen, wenn dadurch keine akute Gesundheits- oder andere Beeinträchtigung des Patienten zu erwarten ist.

3.2. Urteil des Landessozialgerichts Hamburg (21 KR 382/95)

Die wichtigsten Informationen aus dem Urteil:

1. Der Patient muss, bevor er sich eine Leistung außerhalb des Systems verschafft, der Krankenkasse Gelegenheit zur Prüfung eingeräumt haben, ob die [...] Leistung eine Sachleistung ist, ob sie geeignet, ausreichend und zweckmäßig ist, das Maß des Notwendigen nicht überschreitet und welche Möglichkeiten das bestehende Versorgungssystem gewährt."
2. Er darf der Entscheidung der Krankenkasse nicht dadurch vorgreifen, dass er die Behandlung durchführen lässt und die genannte Prüfung in das Verfahren der Kostenerstattung verlagert.

Achtung: Behandlungssitzungen, welche vor der Prüfung durch die Krankenkasse stattgefunden haben, müssen von dieser nicht erstattet werden. Dies ist z.B. bei probatorischen Sitzungen der Fall. Die Krankenkassen erstatten diese jedoch meist, wenn eine außervertragliche Psychotherapie zustande kommt. Es gibt allerdings keinen Rechtsanspruch auf die Erstattung.

4. Wer kann einen Antrag auf Kostenerstattung nach SGB V § 13 (3) stellen?

Beim Antrag auf Kostenerstattung nach **§ 13 (3) SGB V** handelt es sich um einen Antrag des Patienten an seine Krankenkasse. Nicht der Psychotherapeut, sondern der Patient selbst stellt einen Antrag, zu dem der Therapeut Unterlagen beisteuert. Es besteht keine Rechtsbeziehung zwischen der Krankenkasse des Patienten und dem Behandler. Daher wird die Kostenzusage formal auch nicht dem Behandler, sondern dem Versicherten gewährt. Trotzdem senden die meisten Krankenkassen auch dem Behandler eine Kopie der Kostenzusage. Rechtlich besteht von Seiten des Behandlers nur ein Vertragsverhältnis zum Patienten, da es sich, auch bei zugesagter Kostenübernahme durch die Krankenkasse, nur um eine reine Privatbehandlung handelt.

Die Krankenkasse erstattet dem Patienten die Kosten der Psychotherapie nach Vorlage der Rechnung und deren Prüfung durch die Krankenkasse. Es gibt jedoch auch die Möglichkeit einer Abtretungserklärung (Muster 4 im Anhang). In diesem Fall reicht der Behandler die Rechnung direkt bei der Krankenkasse des Patienten ein. Die Erstattung der Leistungen kann nur im Rahmen des Umfangs erfolgen, für den die Krankenkasse im Leistungsentscheid eine Zusage gegeben hat. Alle Leistungen die über diese Zusage hinausgehen, brauchen von der Krankenkasse nicht erstattet zu werden. Dies ist z.B. bei der Stellung von Verlängerungsanträgen zu beachten. Erfolgt dieser erst nachdem das im Leistungsentscheid zugesagte Therapiekontingent aufgebraucht wurde, braucht die Krankenkasse Therapiesitzungen die im Zeitraum bis zur Erteilung einer neuen Leistungszusage liegen, nicht zu erstatten. Die meisten Krankenkassen erstatten diese Leistungen jedoch und ziehen diese vom Therapiekontingent des neuen Leistungsentscheids ab. Dies ist jedoch eine Kullanzregelung der Krankenkasse und daraus ergibt sich kein Rechtsanspruch.

4.1. Was muss der Versicherte nachweisen?

In seinem Antrag auf Kostenerstattung muss der Versicherte folgendes nachweisen:

- Sein Bemühen um eine Vertragspsychotherapie und den Nachweis, dass eine solche zeitnah nicht verfügbar ist (z.B. durch Angabe von fünf kontaktierten Vertragspsychotherapeuten mit Wartezeiten über drei Monaten).

- Die Notwendigkeit und Dringlichkeit der außervertraglichen Leistung (ärztliche Notwendigkeitsbescheinigung und Befund des Psychologischen Psychotherapeuten).

Achtung: Probatorische Sitzungen, die vor der Leistungsentscheidung der Krankenkasse erfolgt sind, müssen von dieser nicht vergütet werden. Daher ist es ratsam, zuerst einen Antrag ohne richtliniengemäßen Psychotherapieantragsbericht zu stellen mit dem Hinweis, dass für einen ausführlichen Antragsbericht probatorische Sitzungen notwendig sind. Hinweise auf die rechtlichen Regelungen des Kostenerstattungsverfahrens, insbesondere bei Krankenkassen, die versuchen dieses generell abzulehnen, sollten dem Antrag nicht vom Therapeuten beigefügt werden sondern vom Versicherten.

Merke: .Es ist der Antrag des Versicherten und nicht der des Therapeuten.

4.1.1. Können Vertragsbehandler abgelehnt werden?

Kann die Krankenkasse dem Versicherten in einem zumutbaren Zeitraum (drei Monate) einen Vertragsbehandler zur Verfügung stellen, so kann der Versicherte diesen nur bei gewichtigen Gründen ablehnen.

Denkbar wäre z.B., dass ein weibliches Missbr auchsopfer einen von der Krankenkasse zur Verfügung gestellten männlichen Vertragspsychotherapeuten ablehnt, da sie aufgrund der speziellen Problemsituation gerne eine weibliche Therapeutin konsultieren möchte. Dies wäre aus psychotherapeutischer Sicht begründbar und würde einen gewichtigen Grund darstellen. Dass man zum außervertraglichen Psychotherapeuten bereits ein Vertrauensverhältnis aufgebaut hat und den Vertragsbehandler noch nicht kennt, ist kein Grund für die Ablehnung einer angebotenen Vertragsbehandlung.

4.1.2. Bei welchen Behandlern kann Psychotherapie von den Krankenkassen erstattet werden?

Die Psychotherapie-Richtlinie weist in **§ 27 (Qualifikation der Leistungserbringer)** auf die Psychotherapie-Vereinbarung hin, wo die fachliche Befähigung ärztlicher Psychotherapeuten (§ 5), Psychologischer Psychotherapeuten (§ 6) und Kinder- und Jugendlichenpsychotherapeuten (§ 7) geregelt sind. Ausgeschlossen von einer Kostenerstattung im Rahmen einer außervertraglichen Psychotherapie sind somit:

- Personen ohne Erlaubnis zur Ausübung der Heilkunde
- Personen mit einer Erlaubnis zur Ausübung der Heilkunde nach dem Heilpraktikergesetz
- Diplom-Psychologen ohne Approbation
- Kinder- und Jugendlichenpsychotherapeuten bei der Psychotherapie Erwachsener

Von diesen Personengruppen beantragte Leistungen stellen keine Psychotherapie im Sinne des § 27 (1) Abs. 1 SGB V und der Psychotherapie-Richtlinien dar und müssen daher von den Krankenkassen nicht erstattet werden. Dass Leistungen von solchen Behandlern in Einzelfällen trotzdem von den Krankenkassen übernommen werden, leitet keinen Rechtsanspruch auf eine generelle Erstattung ab.

4.1.3. Welche Auswirkungen hat das Patientenrechtegesetz auf einen Antrag auf Kostenerstattung?

Im Rahmen der Verbesserung der Patientenrechte wurde im **§ 13 (3a) SGB V** geregelt in welcher Frist die Krankenkasse über einen Antrag auf Leistung entscheiden muss:

> "*Die Krankenkasse hat über einen Antrag auf Leistungen zügig, spätestens bis zum Ablauf von drei Wochen nach Antragseingang oder in Fällen, in denen eine gutachtliche Stellungnahme, insbesondere des Medizinischen Dienstes der Krankenversicherung (Medizinischer Dienst), eingeholt wird, innerhalb von fünf Wochen nach Antragseingang zu entscheiden*"

Daraus geht hervor, dass die Krankenkasse folgende Fristen einzuhalten hat:

- Leistungsentscheid ohne Einschaltung des MDK: 3 Wochen
- Leistungsentscheid mit Einschaltung des MDK: 5 Wochen

Dabei ist zu beachten, dass die Frist erst nach vollständigem Eingang des Antrags läuft. Sollten also nicht alle notwendigen Antragsunterlagen einem Antrag beigefügt worden sein, so würde die Frist erst beginnen, wenn der Versicherte alle notwendigen Antragsunterlagen nachgereicht hat.

Kann die Krankenkasse einen Leistungsentscheid nach vollständigem Eingang der Antragsunterlagen nicht innerhalb der angegebenen Fristen treffen, so muss sie dies dem Versicherten unter Darlegung von hinreichenden Gründen schriftlich mitteilen. Weiter führt **§ 13 (3a) SGB V** aus:

> "*Kann die Krankenkasse Fristen [...] nicht einhalten, teilt sie dies den Leistungsberechtigten unter Darlegung der Gründerechtzeitig schriftlich mit. Erfolgt keine Mitteilung eines hinreichenden Grundes, gilt die Leistung nach Ablauf der Frist als genehmigt. Beschaffen sich Leistungsberechtigte nach Ablauf der Frist eine erforderliche Leistung selbst, ist die Krankenkasse zur Erstattung der hierdurch entstandenen Kosten verpflichtet.*"

Erfolgt somit kein Leistungsentscheid innerhalb der oben angegebenen Fristen, so kann der Versicherte die Therapie im Kostenerstattungsverfahren beginnen und die Krankenkasse **muss** die Kosten der Therapie tragen.

4.2. *Was sollte der Psychotherapeut dem Antrag des Patienten beilegen?*

4.2.1. Nachweis über die Qualifikationen des Psychotherapeuten

Als Nachweis über die erforderlichen Qualifikationen kann die Approbationsurkunde oder der Arztregistereintrag dienen. Auch sollten Fachkundenachweise eingereicht werden, wenn diese für die Therapie relevant sind (z. B. Fachkundenachweis für Gruppenpsychotherapie bei Erwachsenen, wenn dies Teil der Therapie sein soll).

Unnötig ist das Einreichen von Diplom-Urkunden (Psychologe, Pädagoge,...) oder Qualifikationen in psychotherapeutischen Behandlungs- und Anwendungsformen außerhalb der Psychotherapie-Richtlinie.

4.2.2. Anlage des Therapeuten zum Antrag des Versicherten auf Kostenerstattung

Da probatorische Sitzungen von der Krankenkasse nur erstattet werden müssen, wenn diese vor der Leistungserbringungen beantragt wurden, sollte zunächst auf diese verzichtet werden. Es können zwei Vorgehensweisen der Antragsstellung empfohlen werden:

Version 1: Beantragung von probatorischen Sitzungen und verfassen eines richtliniengemäßen Psychotherapieantragsberichts:

Der Versicherte wird schon beim ersten Kontakt gebeten, einen Antrag auf Kostenerstattung für bis zu fünf probatorische Sitzungen (bei analytischer Psychotherapie für bis zu acht) bei der Krankenkasse zu stellen.

Die Antragsunterlagen des Versicherten umfassen dann:

1. Antrag des Versicherten auf Kostenerstattung für fünf probatorische Sitzungen mit Angabe von Wartezeiten bei Vertragspsychotherapeuten
2. Ärztliche Notwendigkeitsbescheinigung
3. Psychotherapeutischer Kurzbericht

Sollte die Krankenkasse die probatorischen Sitzungen genehmigen, müsste dann vom Psychotherapeuten nach Ableistung der Sitzungen ein richtliniengemäßer Psychotherapieantragsbericht verfasst werden und dieser vom Versicherten zur Beantragung eines Therapiekontingents bei seiner Krankenkasse eingereicht werden. Diese Version der Beantragung bietet sich an, wenn schon im ersten Schritt eine Langzeittherapie beantragt werden soll.

Version 2: Kurzbericht zum Antrag des Versicherten

Der Versicherte stellt bei der Krankenkasse einen Antrag auf Kostenerstattung für ein bestimmtes Kontingent von Therapiesitzungen.

Die Antragsunterlagen umfassen hier:

1. Antrag des Versicherten auf Kostenerstattung unter Angabe eines beantragten Therapiekontingents und beigefügter Angabe von Wartezeiten bei Vertragspsychotherapeuten
2. Ärztliche Notwendigkeitsbescheinigung
3. Psychotherapeutischer Kurzbericht

Der psychotherapeutische Kurzbericht sollte mit Hinweis versehen werden, dass bei Anforderung eines richtliniengemäßen Psychotherapieantragsberichts die Genehmigung probatorischer Sitzungen gemäß § 23 a (1) der Psychotherapie-Richtlinie zur Antragserstellung notwendig wäre.

Diese Version sollte gewählt werden, wenn eine Kurzzeittherapie beantragt wird.

Anmerkungen des Autors : Diese Version wird von mir bevorzugt. Ich versuche jeden Antrag in dieser Version zu stellen, da ich mir so meist das Abfassen eines richtliniengemäßen Psychotherapieantragsberichts spare bzw. eine Genehmigung von probatorischen Sitzungen zur Berichtserstellung erhalte. Mit dieser Version vermeide ich auch, dass mir die Stunden, welche ich zur Berichterstellung benötigt habe, vom Therapiekontingent abgezogen werden.

Es gibt noch eine dritte Version, bei der der Versicherte unter Umständen die Kosten für die probatorischen Sitzungen selbst tragen muss:

Version 3: Richtliniengemäßer Psychotherapieantragsbericht zum Antrag des Versicherten

Es werden zunächst die probatorischen Sitzungen durchgeführt. Der Versicherte trägt hier das Risiko, dass diese Sitzungen von der Krankenkasse nicht erstattet werden. Nach Abschluss der probatorischen Sitzungen wird vom Psychotherapeuten ein ausführlicher Psychotherapieantragsbericht geschrieben und dieser mit folgenden Unterlagen vom Versicherten an seine Krankenkasse weitergeleitet:

1. Antrag des Versicherten auf Kostenerstattung unter Angabe eines beantragten Therapiekontingents und beigefügter Angabe von Wartezeiten bei Vertragspsychotherapeuten
2. Ärztliche Notwendigkeitsbescheinigung
3. Richtliniengemäßer Psychotherapieantragsbericht

Diese Version ist für den Versicherten mit dem Risiko behaftet, dass ihm die probatorischen Sitzungen nicht erstattet oder vom beantragten Therapiekontingent abgezogen werden. Zudem hat der Psychotherapeut den Nachteil, dass er stets einen richtliniengemäßen Antragsbericht verfassen muss.

5. Der Antrag ist gestellt - Was prüft die Krankenkasse?

In Kooperation mit der Kassenärztlichen Vereinigung (KV) prüft die Krankenkasse meist, ob ein Vertragsbehandler einen zeitnahen Termin anbieten kann. Hierbei reicht es nicht, dass die Krankenkasse dem Versicherten einen Auszug der KV-Liste mit einigen Vertragsbehandlern zusendet bei denen eventuell ein zeitnaher Behandlungsbeginn möglich ist. Die Krankenkasse muss prüfen, ob die von der KV benannten Behandler auch zeitnah Termine für regelmäßige (sprich wöchentliche) Psychotherapiesitzungen anbieten können.

Achtung: Es reicht nicht, wenn die Krankenkasse einen Behandler nennt, der innerhalb von drei Monaten ein Erstgespräch anbietet. Innerhalb von drei Monaten muss der Beginn regelmäßiger Psychotherapiesitzungen möglich sein.

Die Krankenkasse kann den Medizinischen Dienst der Krankenversicherungen (MDK) einschalten um die Notwendigkeit der außervertraglichen Psychotherapie zu überprüfen. Der MDK übernimmt in diesem Fall eine Gutachterrolle und prüft die Notwendigkeit der außervertraglichen Psychotherapie an den folgenden Fragen:

1. Liegt eine Störung von Krankheitswert vor, bei der eine ambulante Psychotherapie indiziert ist?
2. Welche Wartezeiten sind für den Versicherten zumutbar?
3. Sind die Qualifikationen des Psychotherapeuten ausreichend, um eigenständig Psychotherapie nach Psychotherapie-Richtlinie durchzuführen?
4. In welchem Umfang ist eine außervertragliche ambulante Psychotherapie im jeweiligen Einzelfall begründbar?

Sollten dem MDK die ihm von der Krankenkasse vorgelegten Unterlagen nicht ausreichen, so kann er Unterlagen nachfordern. Analog zum Gutachterverfahren der GKV sollte man Informationen, die über die bloße Nennung einer Behandlungsdiagnose hinausgehen, aus Datenschutzgründen nicht den Krankenkassenmitarbeitern zugänglich machen. Ein richtliniengemäßer Psychotherapieantragsbericht als Anlage zum Antrag des Versicherten sollte daher immer in einem verschlossenen Umschlag mit dem Hinweis „Unterlagen zur

Weiterleitung an den MDK-Gutachter" dem Antrag beigefügt werden. Ansonsten könnte der Bericht von Kassenmitarbeitern gelesen werden.

Im Gegensatz zum Gutachterverfahren nach Psychotherapie-Richtlinie bei dem der Gutachter nur anonymisierte Informationen über den Patienten erhält, handelt es sich bei der Einschaltung des MDK nicht um ein anonymisiertes Verfahren. In welchem Umfang Daten dem MDK zur Verfügung gestellt werden müssen regelt **§ 276 SGB V**:

> "*(1) Die Krankenkassen sind verpflichtet, dem Medizinischen Dienst die für die Beratung und Begutachtung erforderlichen Unterlagen vorzulegen und Auskünfte zu erteilen. [...]*"

Hieraus geht hervor, dass die Krankenkasse dem MDK alle für die Bearbeitung eines Auftrags notwendigen Unterlagen vorliegen muss und bei Rückfragen zu Auskünften verpflichtet ist. Wichtig ist hierbei, dass nur solche Daten übermittelt und solche Auskünfte erteilt werden dürfen, welche im direkten Zusammenhang zum Begutachtungsauftrag stehen. Eine Anonymisierung des Antragsberichts für den MDK hat hier keine Wirkung, da der Begutachtungsauftrag der Krankenkasse an den MDK den Namen des Patienten bereits enthält.

Weiter führt § 276 SGB V aus:

> "*(2) Der Medizinische Dienst darf Sozialdaten nur erheben und speichern, soweit dies für die Prüfungen, Beratungen und gutachtlichen Stellungnahmen nach § 275 [...] erforderlich ist; haben die Krankenkassen nach § 275 Abs. 1 bis 3 eine gutachtliche Stellungnahme oder Prüfung durch den Medizinischen Dienst veranlasst, sind die Leistungserbringer verpflichtet, Sozialdaten auf Anforderung des Medizinischen Dienstes unmittelbar an diesen zu übermitteln, soweit dies für die gutachtliche Stellungnahme und Prüfung erforderlich ist. Die rechtmäßig erhobenen und gespeicherten Sozialdaten dürfen nur für die in § 275 genannten Zwecke verarbeitet oder genutzt werden [...].Durch technische und organisatorische Maßnahmen ist sicherzustellen, dass die Sozialdaten nur den Personen zugänglich sind, die sie zur Erfüllung ihrer Aufgaben benötigen. [...]*"

Hieraus geht hervor, dass nur die Personen des MDK, welche mit der Bearbeitung eines Auftrags betraut wurden, auf die Sozialdaten eines Versicherten zugreifen dürfen. Darüber hinaus ist der MDK auch berechtigt bei Leistungserbringern notwendige Sozialdaten anzufordern. Es besteht eine **Auskunftspflicht** für den

Leistungserbringer. Zu beachten ist hier, dass die Unterlagen direkt an den MDK übermittelt werden müssen.

Wichtig ist ebenfalls, dass der MDK in der Begutachtung an die jeweiligen gesetzlichen Vorgaben und relevanten Richtlinien gebunden ist. Dies ist z.B. relevant, wenn eine Therapie die in **§ 23 b (8) der Psychotherapie-Richtlinie** angeführte Höchstgrenze von Therapiesitzungen im Sonderfall erreicht hat. Durch die Bindung des MDK an die jeweilige Richtlinie ist eine Verlängerung der Therapie über dieses Sonderfallkontingent hinaus von Seiten des MDK nicht möglich.

Jedoch könnte eine Krankenkasse auch eine andere leistungsrechtliche Entscheidung treffen. Interessant ist hier, dass die Krankenkasse - trotz mitunter gegenteiliger Behauptung - den MDK bei Leistungsentscheidungen nicht einschalten **muss**, sondern auch ohne Einschaltung des MDK eine leistungsrechtliche Entscheidung treffen kann.

Beim Erreichen des Höchstkontingent im Sonderfall nach § 23b (8) der Psychotherapie-Richtlinie würde es sich hier anbieten der Krankenkasse darzulegen, dass eine Einschaltung des MDK zwar zu einer Ablehnung einer Verlängerung führen würde, aber für die Krankenkasse eine abweichende leistungsrechtliche Entscheidung wirtschaftlicher wäre. Als Beispiel wäre hier eine schwer traumatisierte Patientin denkbar, bei der in einer Verhaltenstherapie nach Ausschöpfung des Sonderfallkontingents von 100 Sitzungen zwar eine Symptomverbesserung erreicht wurde, eine langfristige Stabilität ohne begleitende Psychotherapie prognostisch jedoch noch unwahrscheinlich ist.

Hier wäre ein Fortführungsantrag an die Krankenkasse, der zur Einschaltung des MDK führen würde, in den meisten Fällen zwecklos, da der MDK durch seine Bindung an die Psychotherapie-Richtlinie auf das bereits ausgeschöpfte Maximalkontingent verweisen würde.

Sinnvoller wäre es im Anschreiben an die Krankenkasse darauf hinzuweisen, dass das Höchstkontingent nach Psychotherapie-Richtlinie zwar ausgeschöpft wurde, aber bei der Versicherte durch die Psychotherapie eine Symptomverbesserung erreicht wurde, welche sich z.B. in einer Abwendung von Arbeitsunfähigkeit bzw. Wiederherstellung von Arbeitsfähigkeit und/oder in einer Abwendung von teil-/stationären psychiatrische Krankenhausbehandlungen äußert. Der Krankenkasse sollte dargelegt werden, dass eine Fortführung der Psychotherapie in diesem Fall wirtschaftlicher wäre, da bei einer Beendigung der Therapie kostenintensivere Folgen (Arbeitsunfähigkeit und wiederholte Krankenhausaufenthalte) zu erwarten sind.

6. Exkurs: Wie viele Sitzungen in welcher Frequenz darf ich wann beantragen?

6.1 Welche Genehmigungsschritte gibt es?

Unterschieden werden muss, ob es sich um eine Einzeltherapie oder um eine Gruppentherapie handelt. Die folgenden Tabellen sind als Stufensystem angelegt. Die zu beantragenden Sitzungen ergeben sich aus der Sitzungsanzahl der aktuell beantragten Stufe abzüglich der Sitzungen der vorangegangenen Stufe.

Wenn zum Beispiel eine verhaltenstherapeutische Kurzzeittherapie (25 Sitzungen) in eine Langzeittherapie (45 Sitzungen) umgewandelt werden soll, so sind 20 Therapiesitzungen (45 Langzeittherapiesitzungen – 25 bereits genehmigter Kurzzeittherapiesitzungen) zu beantragen. Oder wenn eine tiefenpsychologisch fundierte Langzeittherapie (50 Therapiesitzungen) verlängert werden soll (Langzeittherapie-Sonderfall: 80 Sitzungen), so sind 30 Sitzungen zu beantragen (80 Therapiesitzungen – 50 bereits genehmigte Psychotherapiesitzungen.

Achtung: Ist die Höchstgrenze ausgeschöpft, so können – unabhängig wie es dem Versicherten zu diesem Zeitpunkt geht – keine weiteren Sitzungen mehr beantragt werden. Schon bei der Fortführung der Langzeittherapie über das Kontingent des Sonderfalls hinaus, muss nach **§ 23 b (8) der Psychotherapie-Richtlinie** *„aus der Darstellung des therapeutischen Prozesses [hervorgehen], dass mit der Beendigung der Therapie das Behandlungsziel nicht erreicht werden kann, aber begründete Aussicht auf Erreichen des Behandlungsziels bei Fortführung der Therapie besteht."* Es reicht also nicht anzugeben, dass der Patient nach 60 Stunden verhaltenstherapeutischer Langzeittherapie noch immer eine Störung von Krankheitswert hat und behandlungsbedürftig ist. Es muss auch **begründet** dargelegt werden, warum man bei einer Aufstockung des Therapiekontingents um 20 Sitzungen auf die Höchstgrenze von 80 verhaltenstherapeutischen Sitzungen davon ausgeht, dass man die anvisierten Therapieziele doch noch erreichen kann.

Ist auch das in **§ 23 b (8)** angeführte Therapiekontingent ausgeschöpft, so ist eine weitere Verlängerung der Therapie auf der Basis der Psychotherapie-Richtlinie, unabhängig vom Stand des therapeutischen Prozesses, nicht vorgesehen.

6.1.1. Einzeltherapie

Patienten-gruppe	Verfahren	Probat. Sitzungen	Kurzzeit-therapie	Langzeit-therapie	Höchst-grenze	Sonder-fall
Erwachsene	analytisch	bis 8		160	240	300
	tiefenpsych. fundiert	bis 5	25	50	80	100
	Verhaltenstherapie	bis 5	25	45	60	80
Kinder	analytisch	bis 8		70 (+ 17*)	120 (+ 30*)	150 (+ 37*)
	tiefenpsych. fundiert	bis 5	25 (+ 6*)	70 (+ 17*)	120 (+ 30*)	150 (+ 37*)
	Verhaltenstherapie	bis 5	25 (+ 6*)	45 (+ 11*)	60 (+ 15*)	80 (+ 20*)
Jugendliche bis 21 Jahre	analytisch	bis 8		90 (+ 22*)	140 (+35*)	180 (+45*)
	tiefenpsych. fundiert	bis 5	25 (+ 6*)	90 (+ 22*)	140 (+35*)	180 (+45*)
	Verhaltenstherapie	bis 5	25 (+ 6*)	45 (+ 11*)	60 (+ 15*)	80 (+ 20*)

* = Therapiestunden unter Einbezug wichtiger Bezugspersonen

6.1.2. Gruppenbehandlung

In der Tabelle werden die Therapiestunden als Doppelstunden angegeben. Im Schwerpunktverfahren Verhaltenstherapie kann die Behandlung als Einzeltherapie, Gruppentherapie oder als Kombination aus Einzel- und Gruppentherapie durchgeführt werden. Dabei werden bei der Kombination von Einzel- und Gruppentherapie die Doppelstunden der Gruppentherapie auf das Kontingent der Einzeltherapie als Einzelstunden angerechnet.

Analytische und tiefenpsychologisch fundierte Psychotherapie kann nur als Einzeltherapie oder Gruppentherapie angeboten werden.

Patienten-gruppe	Verfahren	Probat. Sitzungen	Kurzzeit-therapie	Langzeit-therapie	Höchst-grenze	Sonder-fall
Erwachsene	analytisch	bis 8		80	120	150
	tiefenpsych. fundiert	bis 5	25	40	60	80
	Verhaltenstherapie	bis 5	25	45	60	80
Kinder	analytisch	bis 8		40	60	90
	tiefenpsych. fundiert	bis 5		40	60	80
	Verhaltenstherapie	bis 5	25	45	60	80
Jugendliche bis 21 Jahre	analytisch	bis 8		40	60	90
	tiefenpsych. fundiert	bis 5	25	40	60	80
	Verhaltenstherapie	bis 5	25	45	60	80

6.2. *In welcher Behandlungsfrequenz dürfen die Sitzungen stattfinden?*

Die Behandlungsfrequenz regelt **§ 20 der Psychotherapie-Richtlinie**: Für alle Therapieverfahren gilt, dass maximal drei Behandlungsstunden pro Woche möglich sind. Dabei ist „*die Notwendigkeit einer abschnittsweisen höheren Wochenfrequenz [ist] in der Antragsstellung differenziert zu begründen.*" Werden keine Angaben über die Behandlungsfrequenz im Antrag gemacht, so ist von wöchentlichen Behandlungssitzungen auszugehen. In diesem Fall dürfen dann jedoch keine höherfrequenten Sitzungen durchgeführt werden, weil sie nicht beantragt wurden. Notfalltermine bei einer akuten Dekompensation des Patienten sind jedoch durchaus möglich.

7. Der Antrag wurde abgelehnt – Was nun?

7.1. Bei welchen Kassen lohnt sich überhaupt ein Antrag?

Der Umgang mit Anträgen auf Kostenerstattung ist nicht nur im Vergleich der verschiedenen Krankenkassen sondern regional selbst innerhalb einer Krankenkasse oft sehr unterschiedlich. Manche Therapeuten organisieren sich daher in Regionalgruppen und Stammtischen, um sich über die Erfahrungen mit Kostenerstattung in der jeweiligen Region auszutauschen. Ein solches Vorgehen mag zweckmäßig sein, wenn langwierige Widersprüche vermieden werden sollen, indem man schon von vornherein Patienten jener Krankenkassen ausschließt, welche einer Kostenerstattung ablehnend gegenüberstehen. Doch wird dabei übersehen, dass die Krankenkassen hierdurch ihr Ziel der Kostensenkung durch weniger Anträge auf außervertragliche Psychotherapie bereits erreicht haben. Somit besteht mittelfristig die Gefahr, dass immer mehr Krankenkassen versuchen, eine Blockadehaltung gegenüber der Kostenerstattung einzunehmen.

Daher sollte eine Entscheidung zur Beantragung einer Psychotherapie im Kostenerstattungsverfahren alleine von der Erfüllung der oben genannten Rahmenbedingungen abhängen und nicht vom Ablehnungsverhalten der Krankenkassen. Dies mag kurzfristig mit einem Mehraufwand für den Therapeuten verbunden sein, jedoch gewährleistet nur die konsequente Durchsetzung der gegebenen rechtlichen Situation, dass die Blockadehaltung der Krankenkassen nicht zunimmt. Wie bereits an anderer Stelle erwähnt, stellt die Kostenerstattung bei bestehender Behandlungsbedürftigkeit keine Kulanzentscheidung der Krankenkasse darstellt, sondern ist ein Anrecht des Patienten, welches sich aus dem § 13(3) SGB V ableitet.

Es kann daher zweckmäßig sein, bereits auf der eigenen Praxishomepage die Patienten nicht nur über die Rahmenbedingungen des Kostenerstattungsverfahrens aufzuklären, sondern ihnen auch zu empfehlen, bereits vor einem Ersttermin bei ihrer Krankenkasse vorstellig zu werden und auf die vergebliche Suche nach einem Vertragstherapeuten zu verweisen. Dabei sollte der Patient zum einen die Krankenkasse um Hilfe bei der Suche nach einem zeitnahen Ersttermin bei einem Vertragstherapeuten bitten und zum anderen sollte er mit der Krankenkasse eine Frist vereinbaren, innerhalb der ein Vertragstherapeut von der Krankenkasse zur Verfügung gestellt werden sollte.

Darüber hinaus ist es sinnvoll den Patienten darüber aufzuklären, dass er seine Rechte im Bedarfsfall auch juristisch einklagen kann. Dieser Weg wird von vielen Patienten und auch Therapeuten gemieden, da er mit einem hohen zeitlichen Aufwand verbunden ist. Zu bedenken ist demgegenüber, dass mittelfristig erfolgreiche Klagen vor dem Sozialgericht die Stellung der Kostenerstattung stärken würden. Gerade Patienten, welche durch eine Mitgliedschaft in einem Sozialverband (Z.B. VdK; KAB) eine kostenfreie sozialrechtliche Beratung in Anspruch nehmen können, sollten diese Möglichkeit nutzen, um ihren Anspruch auf Kostenerstattung durchzusetzen. Die Erfahrung zeigt, dass bei qualifizierter sozialrechtlicher Unterstützung durch einen Sozialverband die Krankenkassen in vielen Fällen einer Kostenerstattung im Einzelfall zustimmen, um so eine gerichtliche Auseinandersetzung zu vermeiden.

7.2. *Der Antrag wurde abgelehnt – Lohnt sich ein Widerspruch?*

Wurde ein Antrag auf Kostenerstattung von der Krankenkasse abgelehnt, sollten zunächst die Ablehnungsgründe kritisch hinterfragt werden. Die nachfolgenden Kapitel erörtern typische Ablehnungsgründe der Krankenkasse und die daraus resultierenden Möglichkeiten eines Widerspruchs.

7.2.1. Ablehnung ohne Prüfung des Einzelfalls

Begründung der Krankenkasse: Die Krankenkasse begründet ihre Ablehnung der außervertraglichen Psychotherapie im Kostenerstattungsverfahren damit, dass es sich bei der ambulanten Psychotherapie generell nicht um eine Notfallbehandlung handelt und daher eine Wartezeit von bis zu 6 Monaten zumutbar ist.

Gegenargument: Es handelt sich bei einer Psychotherapie im Regelfall zwar nicht um eine Notfallbehandlung, welche einen sofortigen Behandlungsbeginn ohne Wartezeit bedingen würde, aber es ist nicht in jedem Fall eine Wartezeit von bis zu 6 Monaten zumutbar. Eine Entscheidung, ob eine Wartezeit von bis zu 6 Monaten zumutbar ist, kann nicht alleine daraus abgeleitet werden, dass es sich um eine Psychotherapie handelt, sondern es muss der vorliegende Einzelfall geprüft werden.

Beispiel 1: Ein Patient leidet nach einem zeitlich erst kurz zurückliegenden Belastungsereignis von katastrophalem Ausmaß (z.B. Opfer eines großen Zugunglücks) unter einer Posttraumatische Belastungsstörung. Prognostisch ist mit einer Verschlimmerung der Symptomatik zu rechnen, wenn keine zeitnahe Psychotherapie beginnen kann. Eine Wartezeit von bis zu 6 Monaten würde in diesem Beispiel zu einer deutlichen Symptomverschlimmerung führen und wäre daher unzumutbar. Geboten wäre ein möglichst zeitnaher Beginn einer ambulanten Psychotherapie. In diesem Beispiel wäre es zweckmäßig im Widerspruch auf die negativen gesundheitlichen Folgen bei langer Wartezeit, auch unter Heranziehung von Leitlinien und wissenschaftlichen Untersuchungen, zu verweisen und um eine Einzelfallprüfung der medizinischen

Notwendigkeit durch den MDK zu bitten.

Beispiel 2: Ein Patient mit einer Zwangsstörung mit vorwiegend Zwangsgedanken hat bereits mehrere ambulante Psychotherapien in Anspruch genommen. An die ambulanten Psychotherapien schloss sich stets eine mehrmonatige bis mehrjährige Phase der weitgehenden Symptomfreiheit an. Aktuell bemerkt der Patient ein Zunehmen der Zwangsgedanken und erhofft sich von der ambulanten Psychotherapie eine erneute Stabilisierung. In diesem Beispiel wäre unter Berücksichtigung des bisherigen Krankheitsverlaufs eine Wartezeit zumutbar. Die Dauer der zumutbaren Wartezeit sollte sich bei einem etwaigen Widerspruch aus dem prognostischen Krankheitsverlauf bei ausbleibender Behandlung ableiten. Auch hier sollte um eine Einzelfallprüfung der medizinischen Notwendigkeit durch den MDK gebeten werden.

Exkurs: Aktuell wird in Ablehnungsbescheiden der Krankenkassen häufig das **BSG Urteil B1 KR 31/01R** als rechtliche Grundlage der Ablehnung angeführt und darauf verwiesen, dass dieses ausführt, dass eine Kostenerstattung nur bei Notfallbehandlungen möglich wäre. Eine genauere Betrachtung der Urteilsbegründung zeigt jedoch, dass dieser Schluss aus dem betreffenden Urteil nicht abzuleiten ist. Im zitierten Fall wurde bei einem Versicherten die Amalgam-Füllung der Zähne zunächst durch Kunststoff-Füllungen und danach durch Gold-Füllungen ausgetauscht. Ein Gutachten wies jedoch darauf hin, dass beim Versicherten **keine** Amalgam-Unverträglichkeit vorlag. Somit war in diesem Fall ein Austausch der Füllungen nicht notwendig und eine Kostenerstattung war von vornherein ausgeschlossen, da keine medizinische Notwendigkeit für den Austausch gegeben war.

Relevanter ist in diesem Fall das Urteil des LSG Nordrhein-Westfahlen **L16 KR 132/09** vom 20.08.2009. In diesem Urteil wurde die Klage einer Patientin mit einer Bulimie und Panikattacken auf Kostenerstattung einer außervertraglichen Psychotherapie abgelehnt. Die Wartezeit von 3 Monaten bis zur Aufnahme einer ambulanten Psychotherapie bei einer Vertragsbehandlerin wurde als zumutbar angesehen. Es wurde darauf hingewiesen, dass „auch wenn unstreitig die Behandlungsnotwendigkeit im Hinblick auf eine Psychotherapie bei der Klägerin bestanden hat, so spricht über das zeitliche Moment hinaus weiter gegen einen Notfall, dass die Klägerin durchgehend in psychiatrischer Behandlung gestanden hat und dass sie sich nach den beigezogenen Arztberichten weder körperlich noch psychisch in einer Ausnahmesituation befunden hat, in der ihr ohnehin jederzeit stationäre Behandlung hätte zuteilwerden können."

7.2.2. Ablehnung mit Prüfung des Einzelfalls

7.2.2.1. Die Krankenkasse stellt einen Vertragsbehandler zur Verfügung

Begründung der Krankenkasse: Die Krankenkasse benennt im Ablehnungsbescheid einen oder mehrere ambulante Vertragsbehandler, bei denen eine ambulante Psychotherapie unter Berücksichtigung der zumutbaren Wartezeit begonnen werden kann.

Situation aus Sicht verschiedener LSG-Urteile: Ein häufiges Missverständnis auf Seiten von Psychotherapeuten und Patienten ist, dass der Patient im Sinne der freien Arztwahl auf eine Weiterbehandlung beim außervertraglichen Psychotherapeuten bestehen kann, da zu diesem bereits ein Vertrauensverhältnis aufgebaut wurde. Interessant in diesem Zusammenhang sind zwei Urteile des Landessozialgerichts Nordrhein-Westfahlen zu diesem Thema. Sowohl im Urteil **L5 KR 113/07** vom 28.02.2008 als auch im Urteil **L16 KR 132/09** vom 20.08.2009 wird darauf verwiesen, dass ein Vertrauensverhältnis zu einem außervertraglichen Psychotherapeuten, bei dem bereits eine Behandlung begonnen wurde, nicht einen Wechsel zu einem Vertragsbehandler ausschließt. In der Urteilsbegründung des Landessozialgerichts Nordrhein-Westfahlen im Urteil **L16 KR 132/09** heißt es hierzu, dass „speziell zur Einschränkung der Arztwahl [...] das SG unter Hinweis auf das BSG (SozR 3-2500 § 39 Nr. 7) überzeugend darauf hingewiesen [hat], dass die freie Arztwahl nicht wesentlich eingeschränkt werde und umgekehrt selbst bei langjährig gewachsenen Vertrauensbeziehungen ein Behandlerwechsel, der auch bei einem Umzug oder der Schließung einer Praxis notwendig werden könne, dem Versicherten zuzumuten sei."

In den meisten Fällen muss der Patient zunächst wenigstens die probatorischen Sitzungen beim angebotenen Vertragstherapeuten in Anspruch nehmen. Nur falls auch innerhalb der probatorischen Sitzungen kein Vertrauensverhältnis zum

Vertragsbehandler aufgebaut werden kann und kein alternativer Vertragsbehandler zur Verfügung steht, könnte eine erneute Beantragung einer außervertraglichen Psychotherapie im Kostenerstattungsverfahren erfolgen.

7.2.2.2. Die Krankenkasse verweist darauf, dass der MDK die Notwendigkeit als nicht gegeben ansieht

Begründung der Krankenkasse: Im Gutachten des MDK wird darauf verwiesen, dass im jeweiligen Einzelfall die Notwendigkeit einer Psychotherapie nicht gegeben ist.

Gegenargument: Zunächst sollte die zugrundeliegende Stellungnahme des MDK vom Patienten angefordert werden. Nur anhand der Stellungnahme können gezielt Gegenargumente formuliert werden.

Desweiteren sollten die Ablehnungsgründe des MDK aus dessen Stellungnahme mit den eingereichten Unterlagen verglichen werden. Es kann im Folgenden nicht auf alle Ablehnungsgründe des MDKs eingegangen werden, jedoch sollten die angeführten Beispiele als Orientierungshilfe dienen.

Beispiel 1: Der MDK weist darauf hin, dass es sich bei der angeführten Störung um keine Störung von Krankheitswert handelt. Hier sollte zunächst überprüft werden, ob im Antrag eine Behandlungsdiagnose auf der Basis des ICD-10 gestellt wurde. Anträge in denen Begriffe wie Burn-Out als Behandlungsdiagnose angeführt werden, ohne dass eine entsprechende ICD-10-Diagnose vergeben wird, sollten vermieden werden. Auch wenn auf ärztlichen Notwendigkeitsbescheinigungen nicht selten solche Begriffe verwendet werden, sollte in den Antragsformularen stets eine ICD-10-Diagnose als Behandlungsdiagnose aufgeführt werden. Fehlt diese, so sollte sie im Widerspruch nachgereicht werden.

Beispiel 2: Der MDK sieht die Notwendigkeit als nicht gegeben an, da es sich bei der beantragten Leistung um keine Psychotherapie im Sinne der Psychotherapie-Richtlinien und des SGB V handelt. Auch hier ist entscheidend welche Argumentation der MDK zugrunde legt. Diese sollte mit den eingereichten Antragsunterlagen verglichen werden. Wurde vom MDK möglicherweise die Zielsetzung der Therapie missverstanden? Dies kann der Fall sein, wenn in den Antragsunterlagen ein Paarkonflikt beim Patienten ausführlich geschildert wird und dessen psychische Auswirkungen auf den Patienten laut Therapieplan in der Therapie bearbeitet werden sollen. Eine zu ausführliche Schilderung des Paarkonflikts kann dazu führen, dass von Seiten des MDK fälschlicherweise davon ausgegangen wird, dass es sich bei der beantragten Leistung eher um eine Paartherapie handeln könnte, die dann keine Leistung der GKV wäre. In einem solchen Fall sollte das Missverständnis im Widerspruch aufgeklärt und dargelegt werden, dass die Schwerpunktsetzung der ambulanten Psychotherapie nicht auf der Paartherapie sondern auf der Behandlung einer psychischen Störung von Krankheitswert liegt.

Beispiel 3: Der MDK sieht sie Notwendigkeit für eine ambulante Psychotherapie als nicht gegeben an und verweist stattdessen auf eine Alternativbehandlung. Beispielsweise könnte auf eine ambulante psychiatrische Behandlung verwiesen werden. In einem solchen Fall sollte zunächst geprüft werden, ob der Patient überhaupt zeitnah einen Termin bei einem ambulanten psychiatrischen Behandler erhalten kann. Da auch in diesem Bereich oft mit mehrmonatigen Wartezeiten zu rechnen ist, kann in einem Widerspruch darauf verwiesen werden, dass die angeführte Alternativbehandlung innerhalb der zumutbaren Wartezeit nicht zu realisieren ist. Dies sollte vom Patienten durch Telefonprotokolle der vergeblichen Terminanfragen bei Psychiatern gegenüber der Krankenkasse belegt werden.

Sollte ein zeitnaher Termin bei einem ambulanten psychiatrischen Behandler möglich sein, wäre zu empfehlen, dass der Patient diesen darauf anspricht, ob eine ambulante psychotherapeutische Behandlung ergänzend zur ambulanten psychiatrischen Behandlung zweckmäßig wäre. Wird dies vom ambulanten psychiatrischen Behandler bejaht, so sollte von diesem eine Notwendigkeitsbescheinigung für eine ambulante psychotherapeutische Behandlung ausgestellt werden, welche dann dem Widerspruch mit dem Hinweis beigefügt werden kann, dass ambulante psychiatrische Behandlung im vorliegenden Fall alleine nicht ausreichend ist.

7.2.2.3. Die Krankenkasse genehmigt nur ein Teilkontingent

Von der Krankenkasse wurde nur ein Teil des beantragten Kontingents als begründet angesehen und nur über dieses Teilkontingent ein Bewilligungsbescheid erstellt. In diesem Fall ist ein Widerspruch nicht zielführend. Beginnen sie die ambulante Psychotherapie und stellen sie vor Ausschöpfung des genehmigten Teilkontingents rechtzeitig einen Verlängerungsantrag. In diesem schildern sie den bisherigen Behandlungsverlauf und begründen die Notwendigkeit der Fortführung der ambulanten Psychotherapie.

7.2.2.4. Die Krankenkasse bestätigt die Notwendigkeit, sieht jedoch eine Wartezeit als zumutbar an

In diesem Fall können ist die gleiche Argumentation anzuführen, welche bereits in Kapitel 7.2.1 angeführt wurde. Jedoch können Sie nun anhand der Stellungnahme des MDK argumentieren. Womit begründet der MDK die zumutbare Wartezeit? Wenn diese fachliche Begründung für Sie nicht nachvollziehbar ist, dann belegen Sie dies anhand von Informationen aus Leitlinien und Studien. Weisen Sie (natürlich nur, wenn es im Einzelfall wirklich begründet ist) darauf hin, dass die gegenwärtige Studienlage bei einem verzögerten Behandlungsbeginn die Gefahr einer drastischen Symptomverschlimmerung belegt und daher ein zeitnaher Beginn einer ambulanten Psychotherapie unabdingbar ist.

7.3. Ablauf eines Widerspruchs

Auf den folgenden Seiten werden Sie über den Ablauf eines Widerspruchs bei einer Ablehnung durch die Krankenkasse informiert. Der Widerspruch wird dabei nicht von Ihnen als Therapeut, sondern vom Patienten geführt.

Achtung: Der Patient sollte jeglichen Schriftverkehr des Widerspruchsverfahrens inklusive der Briefumschläge aufbewahren. Briefe an die Krankenkasse sollte stets als Einschreiben verschickt werden, um den Eingang des Briefs bei der Krankenkasse belegen zu können. Bei einer Übersendung per Fax sollte das Übermittlungsprotokoll aufbewahrt werden.

7.3.1. Erhalt des Ablehnungsbescheids

Wichtig ist die Aufbewahrung des Briefumschlags mit dem der Patient den Ablehnungsbescheid erhalten hat. Mitunter liegen zwischen dem Datum des Ablehnungsbescheids und dem des Poststempels mehrere Tage.

Am Ende des Ablehnungsbescheids muss stets eine Rechtsbehelfsbelehrung stehen, welche über die Widerspruchsfrist informiert. Die Widerspruchsfrist beträgt bei Ablehnungsbescheiden im Falle der außervertraglichen Psychotherapie laut Rechtsbehelfsbelehrung gewöhnlich einen Monat. Fehlt eine Rechtsbehelfsbelehrung so erhöht sich die Widerspruchsfrist auf ein Jahr. Sollte ein Widerspruch nach Ablauf der jeweiligen Frist bei der Krankenkasse eingereicht werden, so wird die Krankenkasse diesen bereits aufgrund des verspäteten Eingangs zurückweisen.

Der Widerspruch kann per Brief, per Fax oder persönlich bei der Krankenkassen zur Niederschrift eingelegt werden. Der Patient sollte eine Kopie der Niederschrift für seine eigenen Akten verlangen.

Der Widerspruch sollte schnellstmöglich erfolgen, um ein Verstreichen der Widerspruchsfrist zu vermeiden. Ein Muster für ein Widerspruchsschreiben ist im Anhang beigefügt. Mit dem Widerspruch sollten zusätzlich alle Unterlagen von der Krankenkasse angefordert werden, welche zum Ablehnungsbescheid geführt haben (z.B. Stellungnahme des MDK). Psychotherapeutische oder ärztliche

Stellungnahmen, welche den Widerspruch stützen, können vom Patienten nachgereicht werden.

7.3.2. Eingang des Widerspruchs bei der Krankenkasse

Die Krankenkasse prüft anhand des Widerspruchs und der zusätzlich eingereichten Stellungnahmen, ob der Widerspruch berechtigt ist. Falls sie den Widerspruch als begründet ansieht, wird sie den ursprünglichen Bescheid aufheben und einen Bewilligungsbescheid ausstellen.

Hält die Krankenkasse am ursprünglichen Ablehnungsbescheid fest, so wird sie dies dem Patienten mitteilen und ihn darum bitten den Widerspruch zurückzunehmen. Hält dieser seinerseits am Widerspruch fest, so wird der Vorgang an den Widerspruchsausschuss der Krankenkasse weitergeleitet. Diese Widerspruchsstellen der Krankenkassen setzen sich zu gleichen Teilen aus Arbeitgebervertretern und Versichertenvertretern zusammen. Der Ausschuss bewertet aufgrund aller vorhandenen Unterlagen die Entscheidung der Krankenkasse. Die Entscheidung des Ausschusses wird dem Patienten schriftlich mitgeteilt.

Kommt der Ausschluss zur Entscheidung, dass der Widerspruch des Patienten begründet ist, so muss die Krankenkasse die beantragte außervertragliche Psychotherapie bewilligen und damit die Kosten übernehmen. Lehnt auch der Widerspruchsausschuss den Widerspruch als unbegründet ab, so bleibt als nächstes der Klageweg vor dem Sozialgericht. Auskunft hierüber findet sich in der Rechtsbehelfsbelehrung des Widerspruchsbescheids.

7.3.3. Klage vor dem Sozialgericht

Bei einer Klage vor dem Sozialgericht fallen im Regelfall keine Kosten für den Patienten an. Der Patient muss sich nicht von einem Anwalt vertreten lassen und das Sozialgericht holt alle für die Urteilsfindung notwendigen Sachverhalte und gutachterliche Stellungnahmen selbstständig ein (§103 Sozialgerichtsgesetz). Erst bei einem Revisionsverfahren vor dem Bundessozialgericht muss der Patient sich von einem Anwalt vertreten lassen. Selbst wenn der Patient im Rechtsstreit unterliegt, muss er nicht die Kosten des Verfahrens tragen.

Nur wenn ein Patient sich durch einen Anwalt vertreten lassen will, muss er im Falle einer Niederlage die Anwaltskosten selbst tragen. Bei Patienten, die über eine Rechtsschutzversicherung verfügen oder über einen Sozialverband Unterstützung erhalten können, ist eine anwaltliche Vertretung jedoch anzuraten.

Sollte der Patient mit den Gutachten, welche dem Gericht im Rahmen des Verfahrens vorgelegt wurden, nicht einverstanden sein, so kann er nach §109 Sozialgerichtsgesetz die Einholung eines weiteren Gutachtens bei einem von ihm benannten Gutachter verlangen. Als Gutachter sollte ein im Themengebiet erfahrener Fachmann gewählt werden. Die Benennung eines im Verfahren bereits involvierten Psychotherapeuten oder Arztes (z.B. Hausarzt oder Psychiater) als Gutachter ist nicht empfehlenswert, da hier von einer Befangenheit auszugehen ist. Die Kosten für vom Patienten benannten Gutachter müssen gegebenenfalls vom Patienten vorgestreckt und im Falle eines verlorenen Prozesses vom Patienten selbst getragen werden.

Anlagen

Musterformular 1: Antrag des Versicherten auf Kostenerstattung

Musterformular 2: Beilage des Therapeuten zum Antrag des Versicherten

Musterformular 3: Ärztliche Notwendigkeitsbescheinigung

Musterformular 4: Abtretungserklärung

Musterformular 5: Widerspruch gegen Ablehnungsbescheid der Krankenkasse

Antrag auf Kostenerstattung nach § 13 (3) SGB V

Name/Vorname: ________________________________

Geburtsdatum: ___.___.____

wohnhaft: ________________________________

Versicherungsnr.: ________________________________

Sehr geehrte Damen und Herrn,

ich leide unter einer psychischen Störung und bin dringend auf eine ambulante Psychotherapie angewiesen. Eine ärztliche Notwendigkeitsbescheinigung, welche die Dringlichkeit einer ambulanten Psychotherapie hervorhebt, liegt bei. Meine Versuche einen Therapieplatz bei einem Vertragspsychotherapeuten zu erhalten, waren bisher vergeblich. Eine Übersicht über von mir kontaktierte Vertragspsychotherapeuten mit Angabe der dort erfragten Wartezeiten ist im Anhang beigefügt. Die erfragten Wartezeiten liegen deutlich über der im **BSG-Urteil Az. Rka 15/97** als zumutbar angesehenen Wartezeit von 3 Monaten bis zum Beginn regelmäßiger Psychotherapiesitzungen.

Daher stelle ich nach **§ 13 (3) SGB V** aufgrund von „Systemversagen" einen Antrag auf Kostenübernahme einer außervertraglichen ambulanten Psychotherapie. Im Rahmen einer außervertraglichen Psychotherapie könnte ich sofort einen Therapieplatz erhalten. Eine Behandlungsbescheinigung des außervertraglichen Psychotherapeuten liegt den Unterlagen bei.

Ich bitte Sie zu prüfen, ob Sie in der Lage sind, mir einen zeitnahen Therapieplatz bei einem Vertragsbehandler zur Verfügung zu stellen. Sollte dies nicht möglich sein, beantrage ich hiermit die Kostenerstattung einer außervertraglichen Psychotherapie nach **§13 (3) SGB V**.

Mit freundlichen Grüßen

____________________, den ____________ ______________________________

(Ort, Datum) (Unterschrift)

Anlage:
- Auflistung der Wartezeiten bei kontaktierten Vertragspsychotherapeuten
- Ärztliche Notwendigkeitsbescheinigung
- Behandlungsbescheinigung des außervertraglichen Psychotherapeuten

Anlage 1: Wartezeiten bei kontaktierten Vertragspsychotherapeuten

Name des Therapeuten	Praxisort	Kontaktiert am	Wartezeit:

Behandlungsbescheinigung des außervertraglichen Psychotherapeuten zum Antrag ihres Versicherten auf Kostenerstattung nach § 13 (3) SGB V

<u>Patientendaten</u>

Name/Vorname: ______________________________

Geburtsdatum: ___.___.____ **Versicherungsnr.:**__________________________

Ihr Versicherter hat zu mir Kontakt aufgenommen, da er innerhalb einer zumutbaren Wartezeit keinen Therapieplatz bei einem Vertragspsychotherapeuten erhalten kann. Da Ihr Versicherter auch nach Einschätzung des mitbehandelnden Arztes dringend auf eine ambulante Psychotherapie angewiesen ist, hat Ihr Versicherter einen Antrag auf Kostenerstattung nach § 13 (3) SGB V („Systemversagen“) gestellt.

Ich verfüge über die notwendigen Qualifikation um Psychotherapie nach Psychotherapie-Richtlinie durchzuführen, bin jedoch nicht im Besitz einer Kassenzulassung. Ich bin in der Lage Ihrem Versicherten sofort einen Therapieplatz für eine ambulante Psychotherapie zur Verfügung zu stellen.

Behandlungsdiagnosen : ____

____

Art der Behandlung: ____

Voraussichtliche Sitzungsanzahl: ______________________________

Dauer und Frequenz der Sitzungen: ______________________________

Honorar je Sitzung: ____________________________nach GOP analog zu EBM

Hinweis: Sollte ein richtliniengemäßer Psychotherapieantragsbericht mit aktueller Symptomschilderung, biographischer Anamnese, Störungsmodell sowie Behandlungszielen/-planung gewünscht sein, so bitte ich um Genehmigung von probatorischen Sitzungen gemäß § 23 a (1) der Psychotherapie-Richtlinie zur Berichtserstellung.

Mit freundlichen Grüßen

____________________________, den____________ ____________________________

(Ort, Datum) (Unterschrift/Praxisstempel)

Anlage: - Approbationsurkunde

- Arztregistereintrag

Krankenkasse bzw. Kostenträger			
Name, Vorname des Versicherten geb. am			
Kassen-Nr.	Versicherten-Nr.		Status
Betriebsstätten-Nr.		Arzt-Nr.	Datum

Ärztliche Notwendigkeitsbescheinigung

Diagnose(n): ______________________________

____

____

Stellungnahme:
Beim oben genannten Patienten besteht aufgrund der angeführten Diagnose(n) die dringende medizinische Notwendigkeit einer ambulanten psychotherapeutischen Behandlung. Aufgrund der Diagnose(n) ist der sofortige Beginn der Psychotherapie zur Vermeidung einer Symptomverschlimmerung und weiteren Chronifizierung dringend notwendig.

Mit freundlichen Grüßen

______________________,den____________ ______________________

(Ort, Datum) (Unterschrift/Praxisstempel)

Abtretungserklärung

Krankenkasse

Name: ________________________________

Anschrift: ________________________________

Versicherter

Name/Vorname: ________________________________

Geburtsdatum: ___.___._____

wohnhaft: ________________________________

Versicherungsnr.: ________________________________

Hiermit erkläre ich mich damit einverstanden, dass mein außervertraglicher Psychotherapeut

Herr/Frau ____

im Rahmen der von Ihnen genehmigten ambulanten Psychotherapie im Kostenerstattungsverfahren die anfallenden Rechnungen direkt an Sie als meine Krankenkasse stellt.

Diese Abtretungserklärung gilt für die von Ihnen genehmigte Sitzungsanzahl.

Mit freundlichen Grüßen

____________________________, den____________ ________________________

(Ort, Datum) (Unterschrift)

[Vor- und Nachnahme des Patienten]
[Anschrift des Patienten]
[Mitgliedsnummer Krankenkasse]

[Name der Krankenkasse]
[Anschrift der Krankenkasse]

[Ort, Datum]

Betreff: Widerspruch gegen den Ablehnungsbescheid betreffend die beantragte außervertragliche Psychotherapie

Sehr geehrte Damen und Herren,

mit Ihrem Ablehnungsbescheid vom [**Datum des Ablehnungsbescheids**], Aktenzeichen: [**Aktenzeichen laut Ablehnungsbescheid**], haben Sie meinen Antrag auf eine außervertragliche Psychotherapie im Kostenerstattungsverfahren aufgrund Systemversagen (§ 13(3) SGB V) abgelehnt.

Gegen diesen Bescheid lege ich hiermit Widerspruch ein.

Widerspruchsbegründung

[**Achtung**: Diese muss auf die individuellen Gründe laut Ablehnungsbescheid abgestimmt sein. Der folgende Text dient nur als Muster
In Ihrem Ablehnungsbescheid verweisen Sie auf eine zumutbare Wartezeit von bis zu 6 Monaten. Laut ärztlichem Attest meines behandelnden Hausarztes [**Name des Hausarztes**] *sowie Psychiaters* [**Name des Psychiaters**] *und der Einschätzung des von mir im Antrag angegebenen Psychologischen Psychotherapeuten* [**Name des Psychotherapeuten**] *besteht bei einer Wartezeit im von Ihnen als zumutbar angeführten Umfang die Gefahr einer drastischen Symptomverschlimmerung.*]

Um meinen Behandlern eine individuelle Stellungnahme zu ermöglichen, beantrage ich hiermit die Übermittlung der Kopien aller für Ihre Entscheidung herangezogenen Unterlagen, einschließlich und insbesondere der Stellungnahme des MDK.

Unter der Berücksichtigung der von meinen Behandlern als unzumutbar angesehenen Wartezeit bitte ich Sie um Aufhebung des Ablehnungsbescheids und um Genehmigung der beantragten außervertraglichen Psychotherapie.

Mit freundlichen Grüßen

____

[Vorname; Name]